Impressum
Verlag: BABADADA GmbH, Nedderfeld 112 , 22529 Hamburg
Geschäftsführer / Verlagsleitung: Harald Hof
Druck: Books on Demand GmbH, In de Tarpen 42, 22848 Norderstedt

Imprint
Publisher: BABADADA GmbH, Nedderfeld 112 , 22529 Hamburg, Germany
Managing Director / Publishing direction: Harald Hof
Print: Books on Demand GmbH, In de Tarpen 42, 22848 Norderstedt, Germany

школа

Schuel

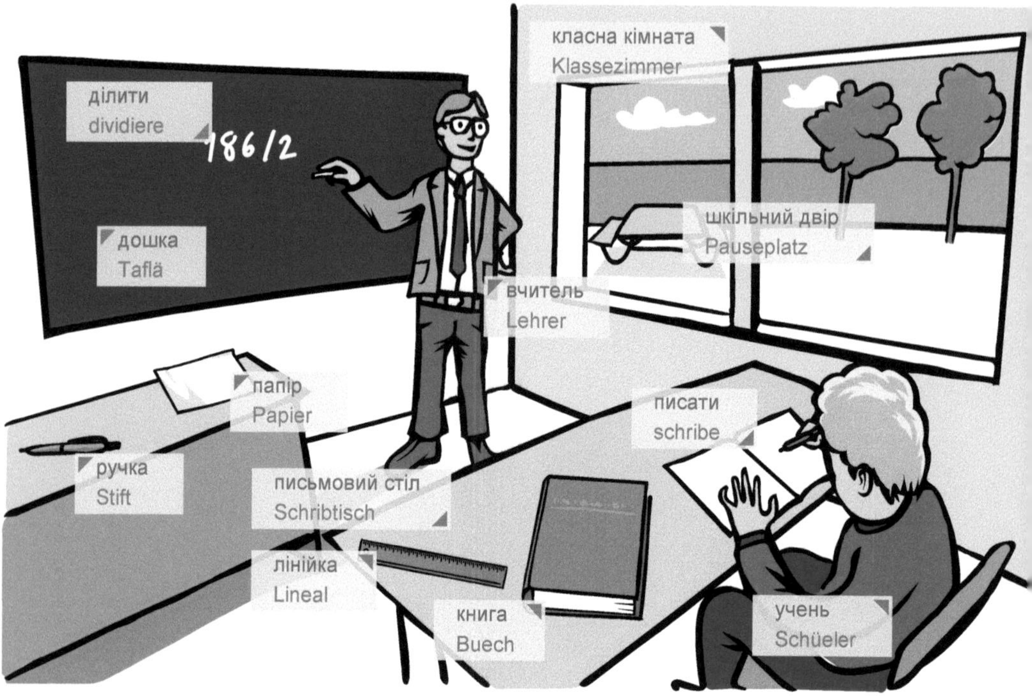

класна кімната
Klassezimmer
ділити
dividiere
186/2
дошка
Taflä
шкільний двір
Pauseplatz
вчитель
Lehrer
папір
Papier
писати
schribe
ручка
Stift
письмовий стіл
Schribtisch
лінійка
Lineal
книга
Buech
учень
Schüeler

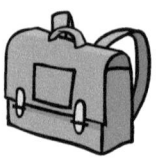

ранець
Thek

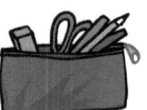

пенал
Etui

олівець
Bleistift

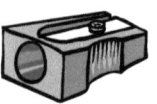

точило
Spitzer

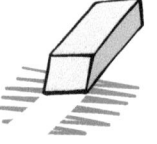

гумка
Radiergummi

альбом для малювання
Zeicheblock

малюнок

Zeichnig

пензель

Pinsel

коробка фарб

Malchaschte

ножиці

Schär

клей

Liim

зошит

Üebigsheft

домашнє завдання

Huusufgabe

число

Zahl

2+2

додавати

addiere

віднімати

subtrahiere

множити

multipliziere

рахувати

rächne

літера

Buechstabe

ABCDEFG
HIJKLMN
OPQRSTU
VWXYZ

абетка

Alphabet

слово

Wort

текст

Text

читати

läse

крейда

Kriide

година

Lektion

класний журнал

Klassäbuech

екзамен

Prüefig

диплом

Zügnis

шкільна форма

Schueluniform

освіта

Usbildig

лексикон

Enzyklopädie

університет

Universität

мікроскоп

Mikroskop

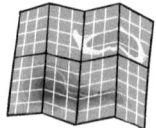

карта

Charte

кошик для паперу

Papierchorb

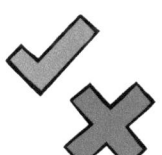

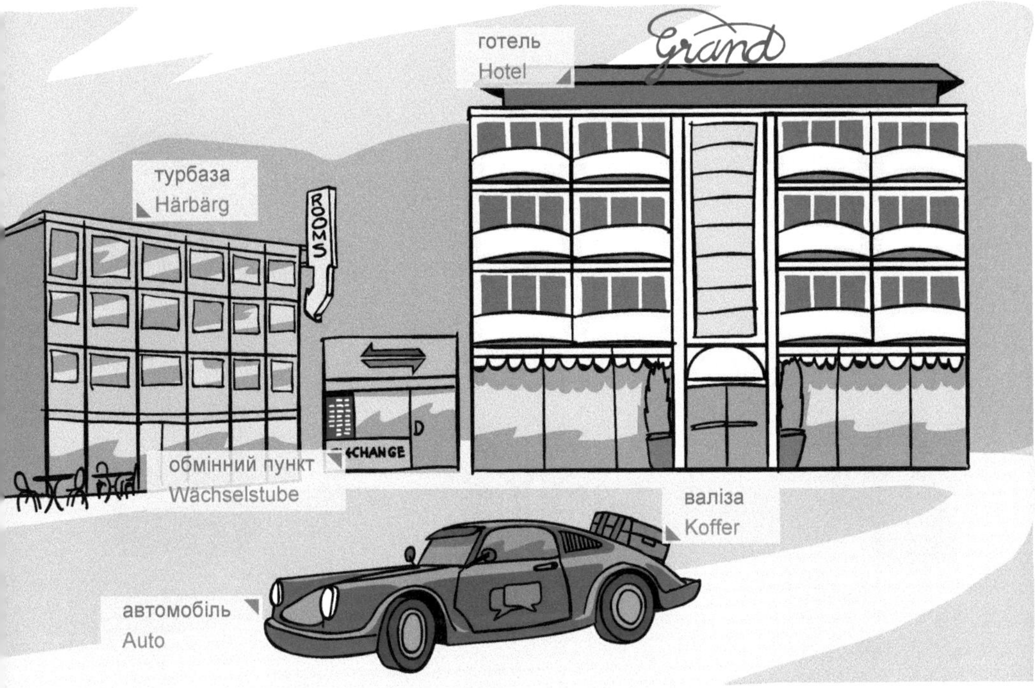

готель
Hotel
Grand
турбаза
Härbärg
ROOMS
обмінний пункт
Wächselstube
EXCHANGE
валіза
Koffer
автомобіль
Auto

мова

Sprach

так / ні

jo / nei

добре

okay

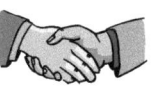

привіт

Hallo

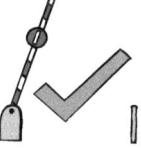

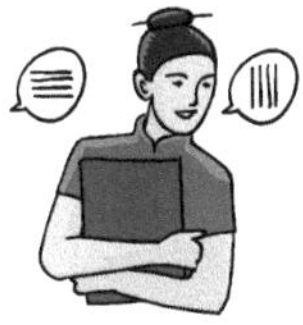

перекладач

Dolmetscher

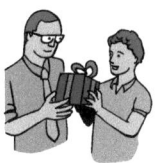

дякую

Dankä

Скільки коштує …?

Was chostet…?

Я не розумію

Ich vrstahs nöd

проблема

Problem

Добрий вечір!

Guete Abig!

Доброго ранку!

guete Morgä!

На добраніч!

guete Abig!

До побачення

Uf Wiederseh

напрямок

Richtig

багаж

Bagaasch

сумка

Täsche

рюкзак

Rucksack

гість

Gast

кімната

Ruum

спальний мішок

Schlafsack

намет

Zält

туристична інформація

Touristeninformation

пляж

Strand

кредитна картка

Kreditkarte

сніданок

Zmorge

обід

Zmittag

вечеря

Znacht

квиток

Billet

ліфт

Ufzug

поштова марка

Briefmarke

межа

Gränze

митниця

Zoll

посольство

Botschaft

віза

Visum

паспорт

Pass

транспорт

Transport

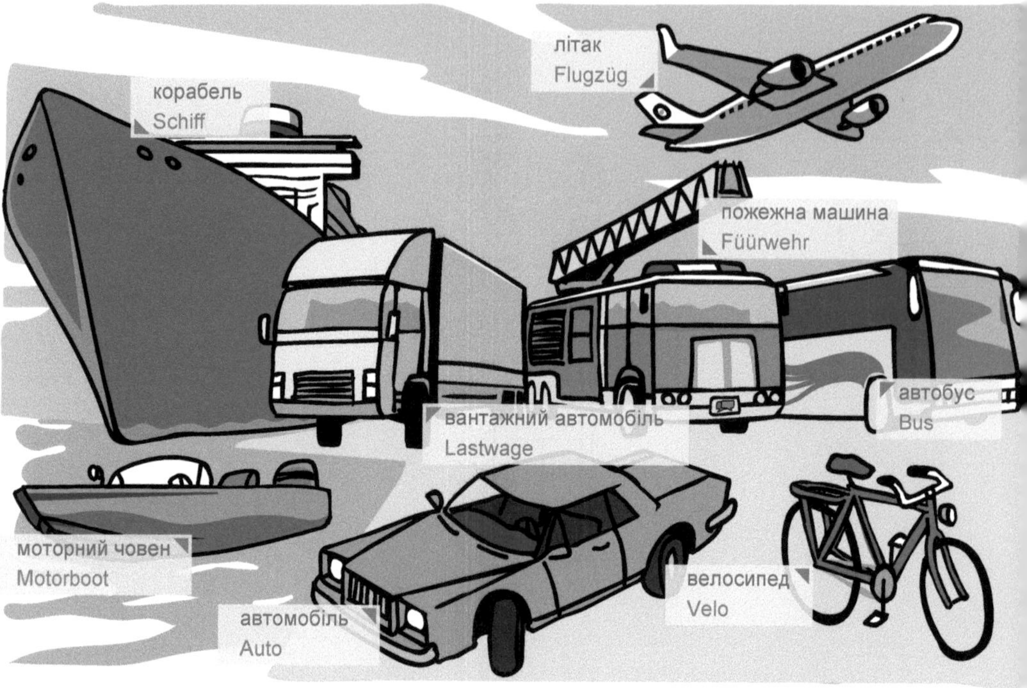

літак
Flugzüg
корабель
Schiff
пожежна машина
Füürwehr
автобус
Bus
вантажний автомобіль
Lastwage
моторний човен
Motorboot
велосипед
Velo
автомобіль
Auto

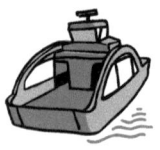

пором

Fähri

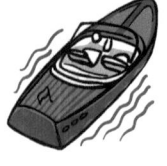

човен

Boot

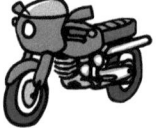

мотоцикл

Töff

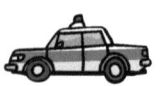

поліцейська машина

Polizeiauto

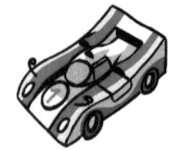

гоночний автомобіль

Rännauto

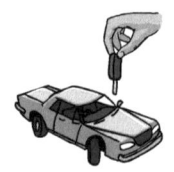

автомобіль на прокат

Mietwage

спільне користування авто

Carsharing

евакуатор

Abschleppwage

сміттєвоз

Chübelwage

двигун

Motor

паливо

Benzin

автозаправна станція

Tankstell

дорожній знак

Verkehrsschild

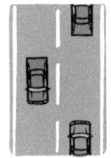

рух

Verchehr

затор

Stau

стоянка

Parkplatz

вокзал

Bahnhof

рейки

Schiene

потяг

Zug

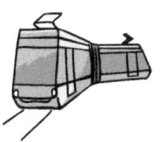

трамвай

Strassebahn

вагон

Wagon

гелікоптер

Helikopter

аеропорт

Flughafe

вежа

Tower

пасажир

Passagier

контейнер

Container

коробка

Karton

візок

Chare

кошик

Korb

стартувати / приземлятися

starte / lande

місто

Stadt

село

Dorf

центр міста

Stadtzentrum

дім

Huus

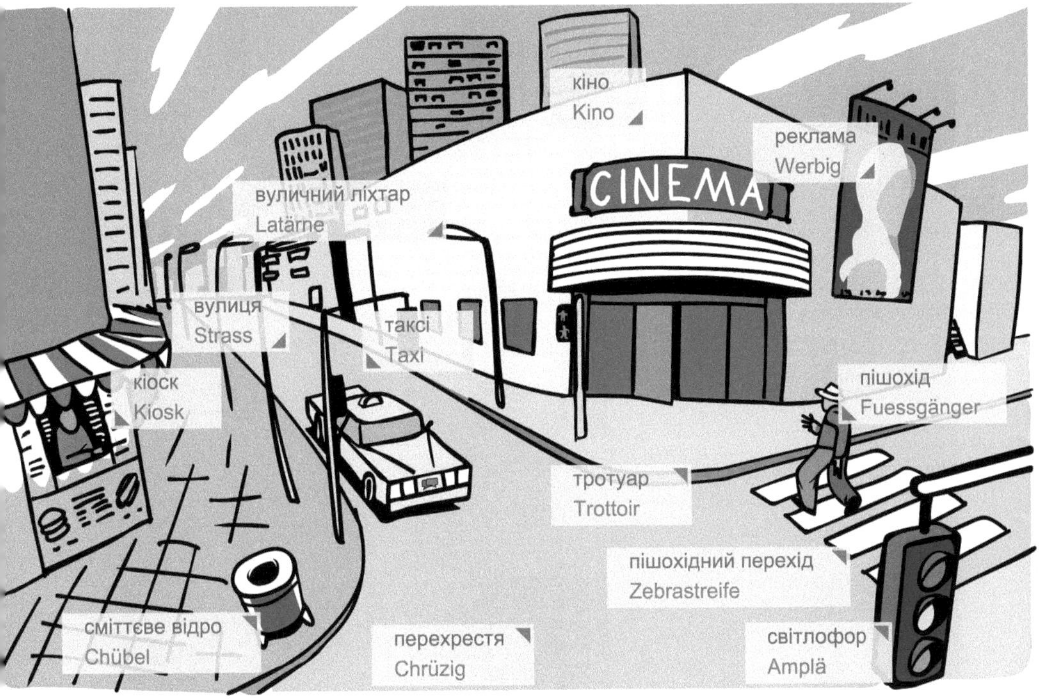

кіно
Kino

реклама
Werbig

вуличний ліхтар
Latärne

CINEMA

вулиця
Strass

таксі
Taxi

кіоск
Kiosk

пішохід
Fuessgänger

тротуар
Trottoir

пішохідний перехід
Zebrastreife

сміттєве відро
Chübel

перехрестя
Chrüzig

світлофор
Amplä

хатина

Hütte

квартира

Wohnig

вокзал

Bahnhof

ратуша

Gmeindshuus

музей

Museum

школа

Schuel

університет

Universität

банк

Bank

лікарня

Spital

готель

Hotel

аптека

Apotheke

офіс

Büro

книжковий магазин

Buechgschäft

магазин

Gschäft

квітковий магазин

Bluemelade

супермаркет

Läbensmittellade

ринок

Märt

універмаг

Chaufhuus

торговець рибою

Fischhändler

торговельний центр

Iihkaufszentrum

гавань

Hafe

парк

Park

лава

Bank

міст

Brugg

сходи

Stäge

метро

U-Bahn

тунель

Tunnell

автобусна зупинка

Bushaltestell

бар

Bar

ресторан

Restaurant

поштова скринька

Briefchastä

вулична табличка

Strasseschild

лічильник паркування

Parkuhr

зоопарк

Zolli

басейн

Badi

мечеть

Moschee

ферма

Buurehof

забруднення навколишнього середовища
Umwaltvrschmutzig

кладовище

Fridhof

церква

Chile

дитячий майданчик

Spielplatz

храм

Tämpel

ландшафт

Landschaft

листок
Blatt

вказівний стовп
Wägwiiser

шлях
Wäg

луг
Wise

камінь
Stei

мандрівник
Wanderer

дерево
Baum

річка
Fluss

трава
Gras

квітка
Bluamä

долина

Tal

гора

Bärg

озеро

See

ліс

Wald

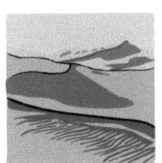

пустеля

Wüeschti

вулкан

Vulkan

замок

Schloss

веселка

Rägeboge

гриб

Pilz

пальма

Palme

комар

Moskito

муха

Fliege

мурашка

Ameise

бджола

Biendli

павук

Spinne

жук

Chäfer

жаба

Frosch

вивірка

Eichhörnli

їжак

Igel

заєць

Haas

сова

Üle

птах

Vogu

лебідь

Schwan

кабан

Wildschwein

олень

Hirsch

лось

Elch

гребля

Damm

вітряк

Windturbine

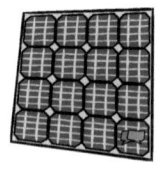

сонячний модуль

Sunnekollektor

клімат

Klima

офіціант
Chällner

меню
Spiischartä

стілець
Stuehl

суп
Suppä

піца
Pizza

столові прилади
Bsteck

скатертина
Tischdecki

закуска

Vorspiies

друга страва

Hauptgricht

десерт

Dessert

напої

Getränk

їжа

Läbensmittel

пляшка

Fläsche

фаст-фуд

Fast Food

вулична їжа

Street Food

чайник

Teechanne

цукорниця

Zuckerdosä

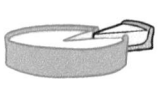

порція

Portion

еспресо-машина

Espressomaschine

високий стільчик

Hochstuehl

рахунок

Rächnig

піднос

Tablett

ніж

Mässer

вилка

Gable

ложка

Löffel

чайна ложка

Teelöffel

серветка

Serviette

склянка

Glas

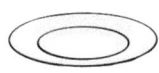

тарілка

Täller

тарілка для супу

Suppetällär

блюдце

Untertasse

соус

Sose

солонка

Salzstreuer

млин для перцю

Pfäffermühli

оцет

Essig

масло

Öl

спеції

Gwürz

кетчуп

Ketchup

гірчиця

Sänf

майонез

Mayonnaise

супермаркет
Läbensmittellade

пропозиція
Ahgebot
FOR
клієнт
Chund
молочні продукти
Milchprodukt
фрукти
Frücht
візок для покупок
lichaufswage

BUTCHERS

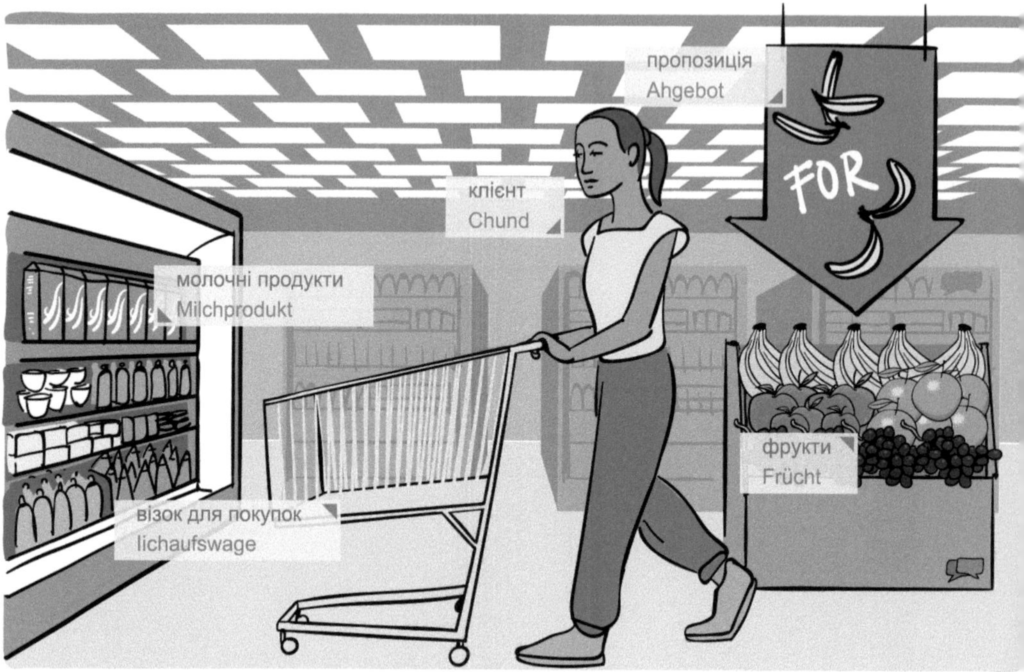

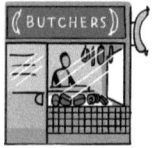

м'ясний магазин
Schlachter

BAKERY

пекарня
Beck

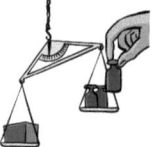

зважувати
wiege

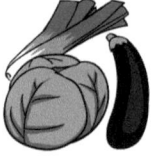

овочі
Gmües

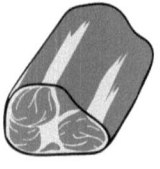

м'ясо
Fleisch

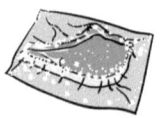

заморожені продукти
Tiefkühlprodukt

ковбасна нарізка

Ufschnitt

консерви

die Konsärve

пральний порошок

Wöschmittel

солодощі

Süessigkeite

предмети домашнього побуту

Huushaltartikel

мийний засіб

Putzmittel

продавщиця

Verchäuferin

каса

Kassä

касир

Kassierer

список покупок

Ihchaufsliste

часи роботи

Öffnigszite

гаманець

das Portemonnaie

кредитна картка

Kreditkarte

сумка

Täsche

поліетиленовий пакет

Plastiksack

вода

Wasser

сік

Saft

молоко

Milch

кола

Cola

вино

Wii

пиво

Bier

алкоголь

Alkohol

какао

Ovi

чай

Tee

кава

Kafi

еспресо

Espresso

капучіно

Cappuccino

банан

Banane

яблуко

Öpfel

апельсин

Orange

кавун

Melone

лимон

Zitrone

морква

Rüebli

часник

Chnoobli

бамбук

Bambus

цибуля

Zwiblä

гриб

Pilz

горішки

Nüss

локшина

Nudle

спагеті

Spaghetti

рис

Riis

салат

Salat

картопля фрі

Pommfrit

смажена картопля

Bratherdöpfel

піца

Pizza

гамбургер

Hamburgär

бутерброд

Sandwich

шніцель

Gotlett

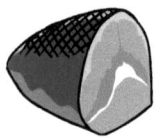

шинка

Schinkä

салямі

Salami

ковбаса

Würschtli

курка

Huehn

печеня

Bratä

риба

Fisch

вівсяні пластівці

Haferflocke

мюслі

Müesli

кукурудзяні пластівці

Cornflakes

борошно

Mähl

круасан

Gipfeli

булочка

Brötli

хліб

Brot

тостовий хліб

Toscht

печиво

Guetzli

масло

Butter

сир

Quark

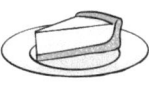

пиріг

Chueche

яйце

Ei

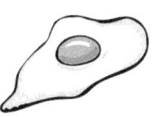

яєчня

Spiegelei

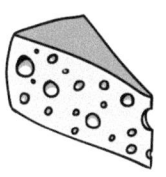

сир

Chäs

морозиво

Glace

цукор

Zucker

мед

Honig

мармелад

Gonfi

нуга-крем

Nougat-Creme

карі

Curry

ферма
Buurehof

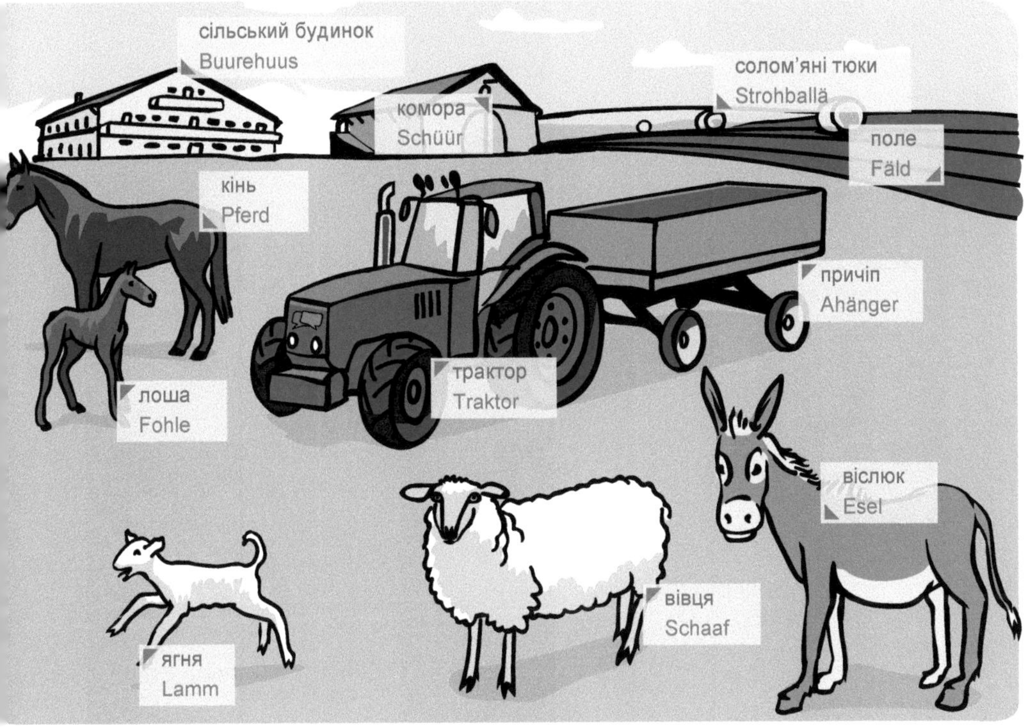

сільський будинок
Buurehuus
комора
Schüür
солом'яні тюки
Strohballä
поле
Fäld
кінь
Pferd
причіп
Ahänger
лоша
Fohle
трактор
Traktor
віслюк
Esel
вівця
Schaaf
ягня
Lamm

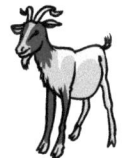

коза

Geiss

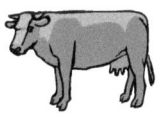

корова

Chueh

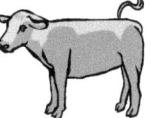

теля

Chalb

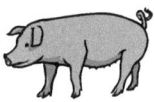

свиня

Sau

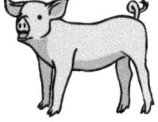

порося

Ferkel

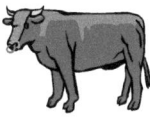

бик

Rind

гусак

Gans

качка

Änte

курча

Küke

курка

Huähn

півень

Güggel

щур

Ratte

кіт

Chatz

миша

Muus

віл

Ochse

собака

Hund

собача будка

Hundehütte

садовий шланг

Garteschluuch

лійка

Giesschanne

коса

Sägese

плуг

Pflueg

серп

Sichel

мотика

Hacke

вила

Heugable

сокира

Axt

тачка

Garette

корито

Trog

бідон молока

Milchchanne

мішок

Sack

паркан

Haag

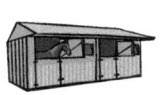

хлів

Gadä

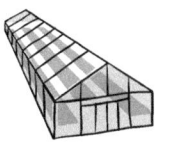

теплиця

Gwächshuus

ґрунт

Bode

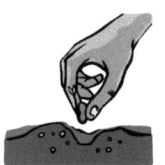

насіння

Soome

добриво

Dünger

комбайн

Mähdrescher

пожинати

ärnte

урожай

Ärnte

корінь ямсу

Yamswurzle

пшениця

Weize

соя

Soja

картопля

Härdöpfel

кукурудза

Mais

ріпак

Raps

плодове дерево

Obstbaum

маніок

Maniok

злаки

Getreide

дім
Huus

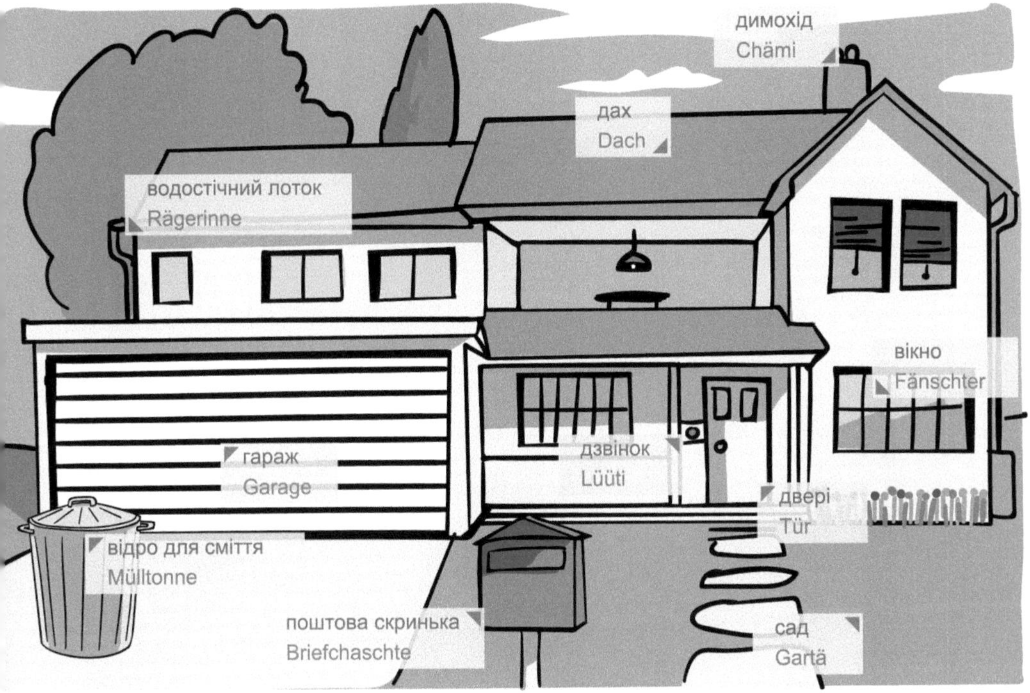

димохід
Chämi
дах
Dach
водостічний лоток
Rägerinne
вікно
Fänschter
гараж
Garage
дзвінок
Lüüti
двері
Tür
відро для сміття
Mülltonne
поштова скринька
Briefchaschte
сад
Gartä

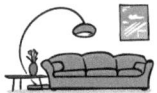

вітальня
Stubä

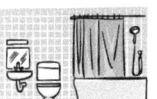

ванна кімната
Badzimmer

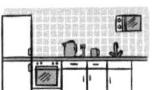

кухня
Chuchi

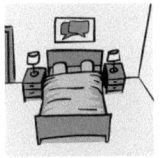

спальня
Schlofzimmer

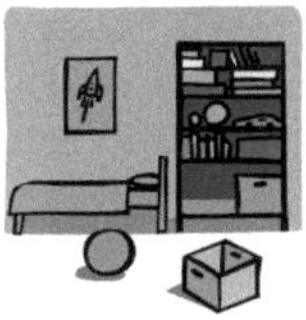

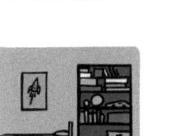

дитяча кімната
Chinderzimmer

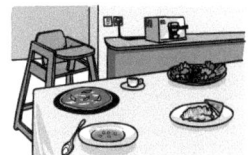

їдальня
Ässzimmer

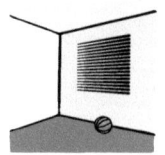

підлога

Bodä

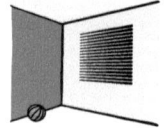

стіна

Wand

стеля

Decki

підвал

Chäller

сауна

Sauna

балкон

Balkon

тераса

Terasse

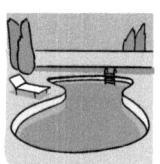

басейн

Pool

косарка

Rasemäier

простирало

Bettbezug

ковдра

Bettdecki

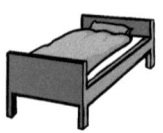

ліжко

Bett

мітла

Bäse

відро

Chübel

перемикач

Schalter

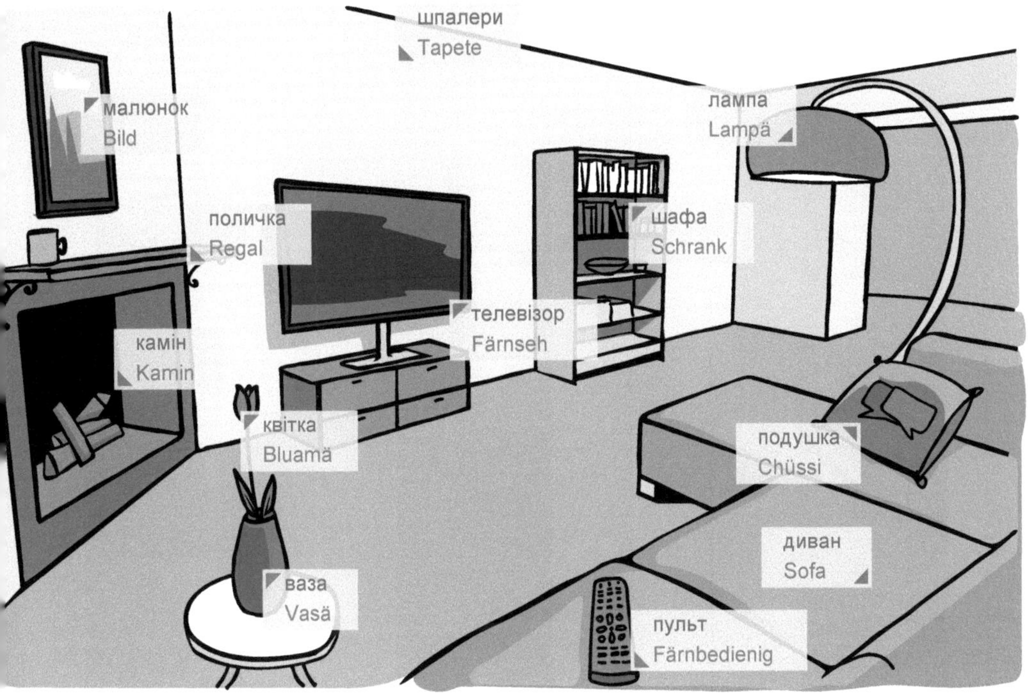

шпалери
Tapete

малюнок
Bild

лампа
Lampä

поличка
Regal

шафа
Schrank

камін
Kamin

телевізор
Färnseh

квітка
Bluamä

подушка
Chüssi

ваза
Vasä

диван
Sofa

пульт
Färnbedienig

килим

Teppich

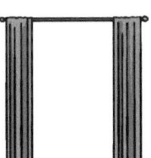

завіса

Vorhang

стіл

Tisch

стілець

Stuehl

крісло-гойдалка

Schaukelstuehl

крісло

Sässel

книга

Buech

ковдра

Decki

прикраса

Dekoration

дрова

Füürholz

фільм

Film

стереосистема

Stereoahlag

ключ

Schlüssel

газета

Ziitig

картина

Bild

плакат

Poster

радіо

Radio

блокнот

Notizblock

пилосос

Staubsuuger

кактус

Kaktus

свічка

Chärze

кухня
Chuchi

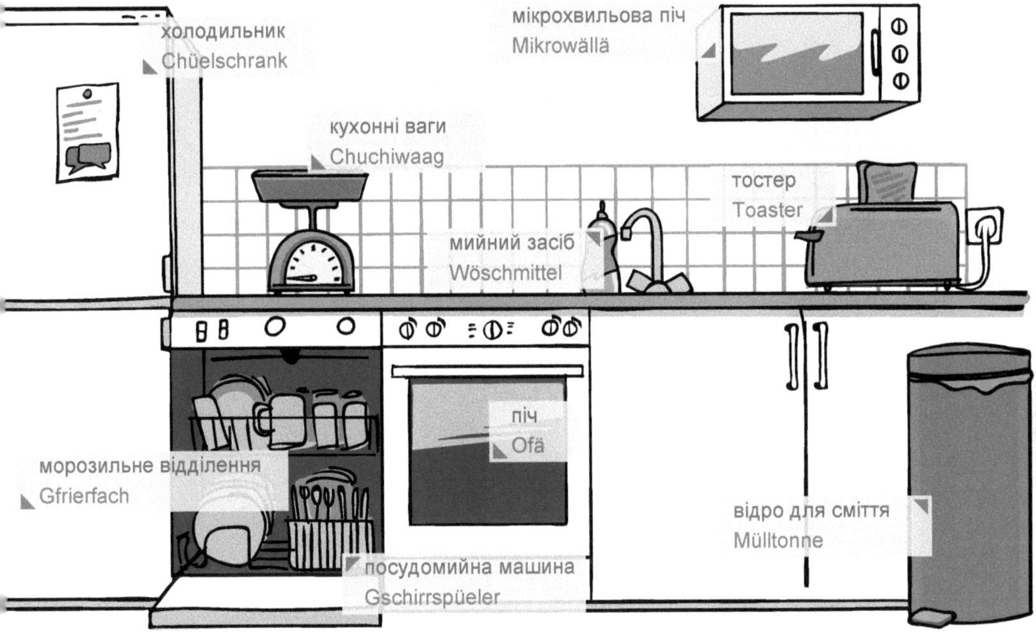

холодильник
Chüelschrank
мікрохвильова піч
Mikrowällä
кухонні ваги
Chuchiwaag
тостер
Toaster
мийний засіб
Wöschmittel
піч
Ofä
морозильне відділення
Gfrierfach
відро для сміття
Mülltonne
посудомийна машина
Gschirrspüeler

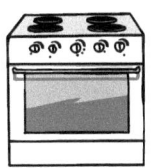

плита

Härd

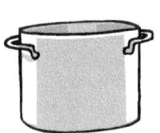

горщик

Topf

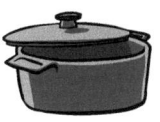

чавунний горщик

Iisetopf

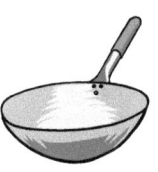

вок / кадай

Wok / Kadai

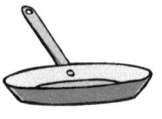

сковорода

Pfanne

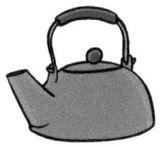

чайник

Wasserchocher

пароварка

Dampfer

лист

Bachbläch

посуд

Gschirr

кухоль

Bächer

чаша

Schale

палички для їжі

Stäbli

черпак

Suppechellä

лопатка

Pfannewänder

вінчик для збивання

Schneebäse

сито

Sieb

сито

Sieb

терка

Raffle

ступка

Mörser

барбекю

Grill

багаття

Füürstell

дошка

Schniidbrätt

качалка

Nudelholz

штопор

Korkäzieher

конзерва

Dosä

відкривачка

Dosäöffner

прихватки

Topflappä

раковина

Wöschbecki

щітка

Bürste

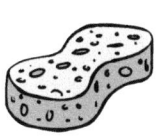

губка

Schwumm

міксер

Mixer

морозильна камера

Gfrierschrank

дитяча пляшка

Babyfläschli

кран

Hahnä

ванна кімната
Badzimmer

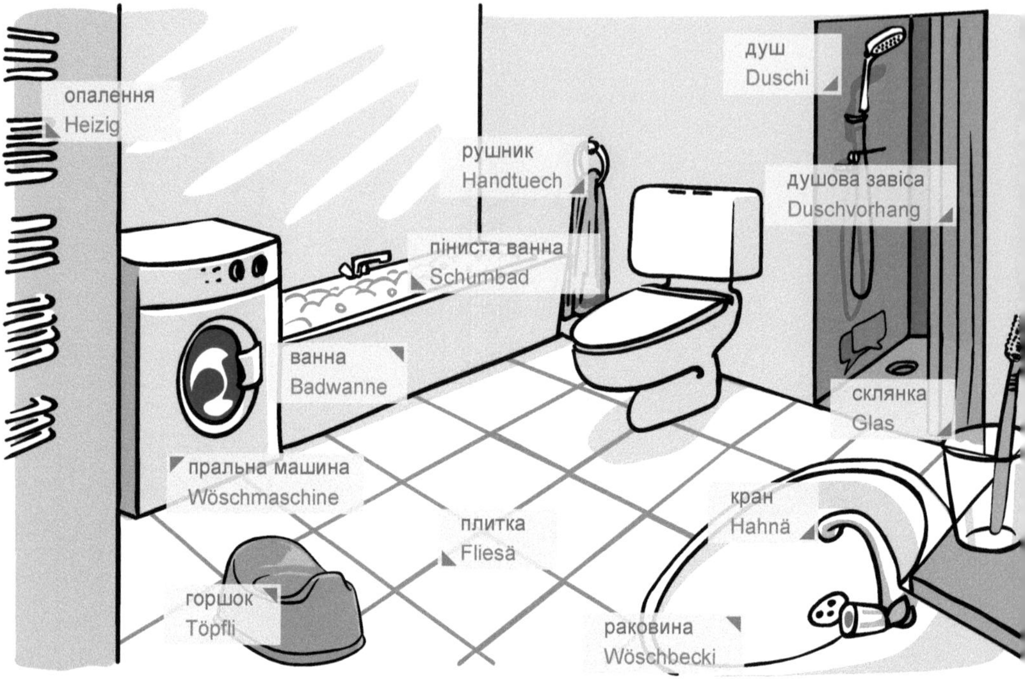

опалення
Heizig
рушник
Handtuech
душ
Duschi
душова завіса
Duschvorhang
пініста ванна
Schumbad
ванна
Badwanne
склянка
Glas
пральна машина
Wöschmaschine
кран
Hahnä
плитка
Fliesä
горшок
Töpfli
раковина
Wöschbecki

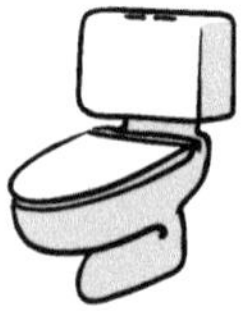

туалет
Toilette

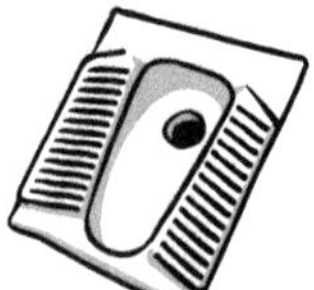

підлоговий туалет
Plumpsklo

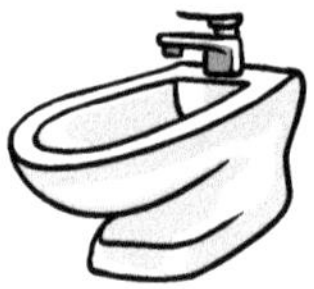

біде
Bidet

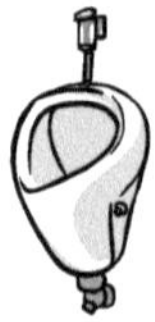

пісуар
Pissoir

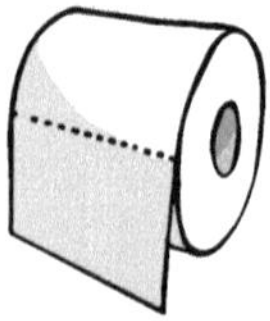

туалетний папір
Toilettepapier

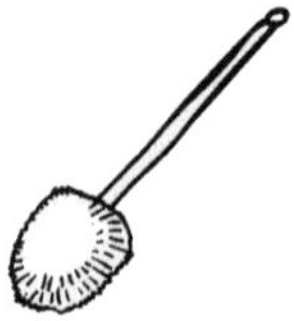

щітка для туалету
Toilettebürschteli

зубна щітка

Zahbürstä

зубна паста

Zahpasta

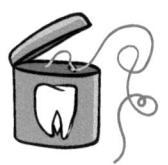

нитка для чищення зубів

Zahnsiide

мити

wäsche

ручний душ

Handduschi

інтимний душ

Intiimduschi

таз

Wöschbecki

щітка для спини

Ruggäbürste

мило

Seifä

гель для душу

Duschgel

шампунь

Shampoo

мочалка

Waschlappä

водостік

Abfluss

крем

Creme

дезодорант

Deo

дзеркало

Spiegel

косметичне дзеркало

Handspiegel

бритва

Rasierer

піна для гоління

Rasierschuum

лосьйон після гоління

Aftershave

гребінь

Schträäl

щітка

Bürstä

фен

Föhn

лак для волосся

Hoorspray

косметика

Makeup

губна помада

Lippestift

лак для нігтів

Nagellack

вата

Wattä

ножиці для нігтів

Nagelscher

парфум

Parfum

косметичка

Necessaire

табурет

Schemel

ваги

Waag

халат

Badmantel

гумові рукавички

Gummihändscheh

тампон

Tampon

гігієнічні прокладки

Damebinde

біотуалет

chemischi Toilette

будильник
Wecker

м'яка іграшка
Kuscheltier

іграшковий автомобіль
Spielzügauto

ляльковий будиночок
Puppehuus

подарунок
Gschänk

брязкальце
Rassle

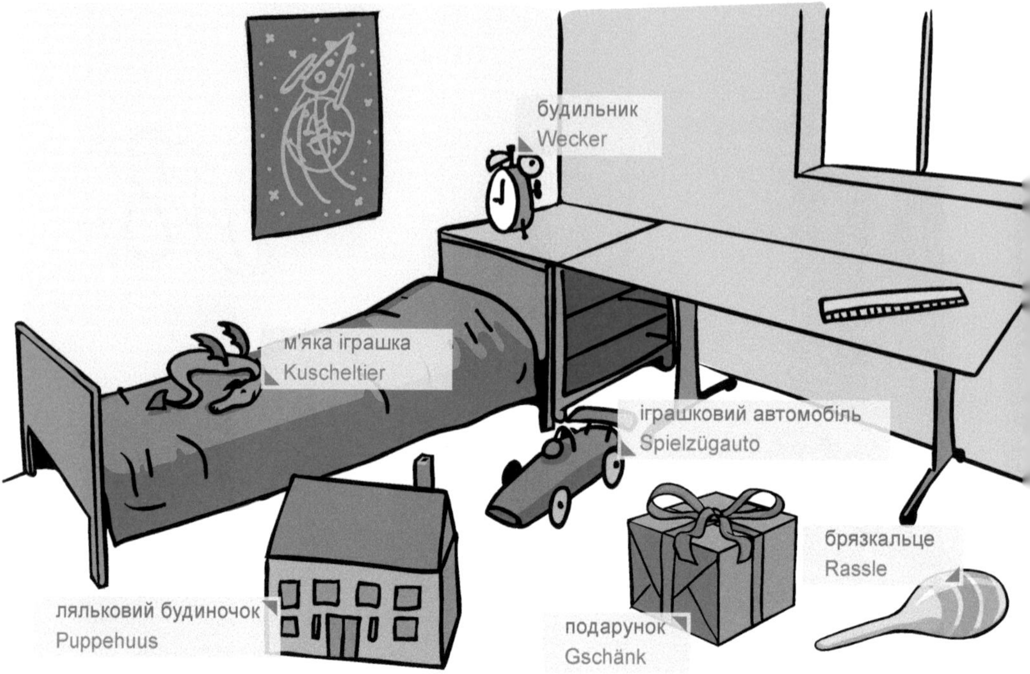

повітряна кулька

Ballon

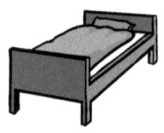

ліжко

Bett

дитячий візок

Chinderwage

картярська гра

Chartespiel

пазл

Puzzle

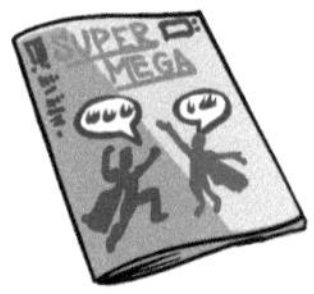

комікс

Comic

лего цеглинки

Legos

блоки

Baustei

іграшкова фігурка

Action Figur

повзунки

Strampli

фризбі

Frisbee

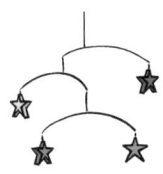

мобіле

Mobile

настільна гра

Brättspiel

кубик

Würfäl

модель залізнична станція

Modellisebahn

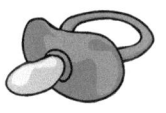

соска

Nuggi

вечірка

Party

книжка з картинками

Bilderbuch

м'яч

Ball

лялька

Puppä

грати

spiele

пісочниця

Sandchaschte

гойдалка

Gigampfi

іграшка

Spielzüg

гральна консоль

Videospielkonsole

триколісний велосипед

Dreirad

плюшевий мішка

Teddy

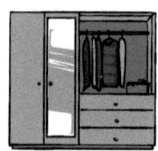

шафа

Chleiderschrank

одяг

Chleidig

шкарпетки

Sockä

панчохи

Strümpf

колготки

Strumpfhosä

шарф
Schal

парасоля
Rägeschirm

футболка
T-Shirt

ремінь
Gürtel

чоботи
Stiefel

домашнє взуття
Badschlappe

кросівки
Turnschueh

сандалі
Sandalä

взуття
Schueh

гумові чоботи
Gummistiefel

труси
Untrhosä

бюстгальтер
BH

нижня сорочка
Underlibli

боді

Body

штани

Hosä

джинси

Jeans

спідниця

Rock

блузка

Bluse

сорочка

Hömli

пуловер

Pulli

светр

Kapuzepulli

піджак

Blazer

куртка

Jacke

пальто

Mantel

дощовик

Rägämantel

костюм

Chostüm

сукня

Chleid

весільна сукня

Hochziitskleid

одяг - Chleidig

костюм

Ahzug

нічна сорочка

Nachthömli

піжама

Pyjama

сарі

Sari

головна хустка

Chopftuäch

чалма

Turban

бурка

Burka

кафтан

Kaftan

абая

Abaya

купальник

Badchleid

плавки

Badhose

шорти

churzi Hosä

тренувальний костюм

Trainer

фартух

Schürze

рукавички

Händsche

гудзик

Chnopf

окуляри

Brüllä

браслет

Armband

ланцюг

Chetti

кільце

Ring

сережка

Ohrering

шапка

Chappe

плічка

Chleiderbügel

капелюх

Huet

краватка

Grawattä

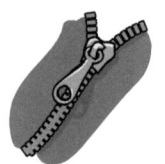

застібка-блискавка

Riissverschluss

шолом

Helm

підтяжки

Hosäträger

шкільна форма

Schueluniform

уніформа

Uniform

нагрудник

Lätzli

соска

Nuggi

підгузок

Windle

офіс
Büro

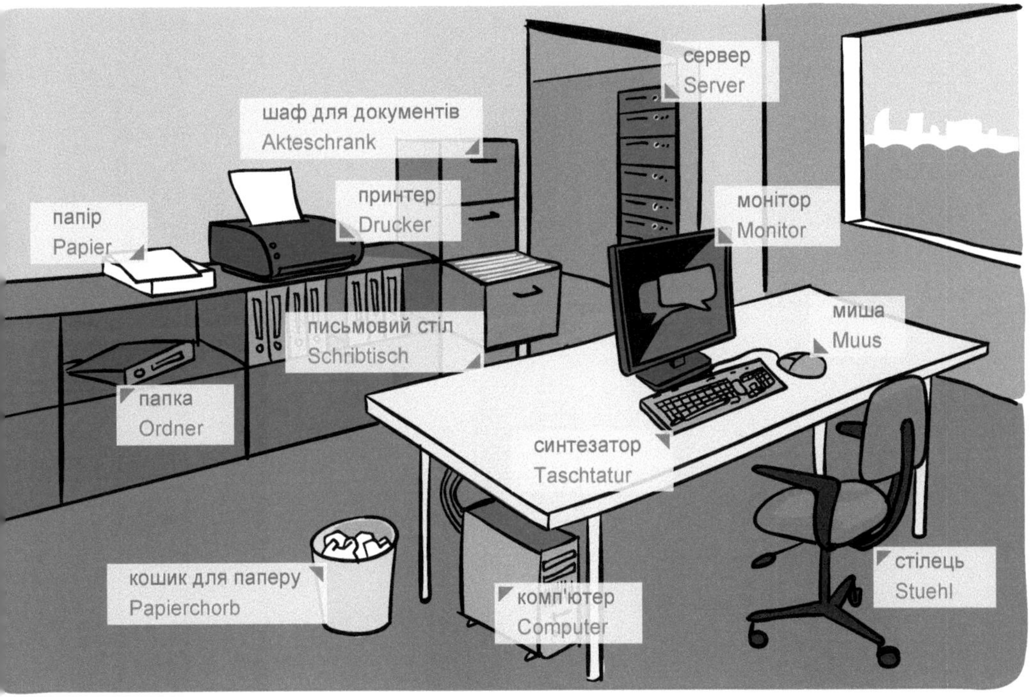

сервер
Server

шаф для документів
Akteschrank

принтер
Drucker

монітор
Monitor

папір
Papier

миша
Muus

письмовий стіл
Schribtisch

папка
Ordner

синтезатор
Taschtatur

стілець
Stuehl

кошик для паперу
Papierchorb

комп'ютер
Computer

кавовий кухоль

Kafibächer

калькулятор

Tascherächner

інтернет

Internet

ноутбук

Laptop

лист

Brief

повідомлення

Nochricht

мобільний телефон

Mobiltelefon

мережа

Netzwärk

копіювальний пристрій

Kopierer

програмне забезпечення

Software

телефон

Telefon

розетка

Steckdosä

факс

Fax

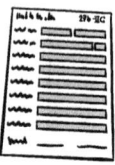

бланк

Formular

документ

Dokumänt

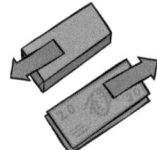

купувати

chaufe

платити

zahle

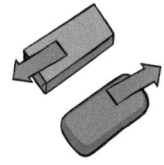

торгувати

handle

гроші

Gäld

**USD**

долар

Dollar

**EUR**

євро

Euro

**JPY**

ієна

Yen

**RUB**

рубль

Rubel

**CHF**

франк

Frankä

**CNY**

юанів женьміньбі

Renminbi Yuan

**INR**

рупія

Rupie

банкомат

Gäldautomat

обмінний пункт

Wächselstube

золото

Gold

срібло

Silber

нафта

Öl

енергія

Energie

ціна

Priis

контракт

Vertrag

податок

Stüür

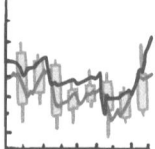

акція

Aktie

працювати

schaffe

працівник

Mitarbeiter

роботодавець

Arbeitgeber

фабрика

Fabrik

магазин

Gschäft

професії
Brüef

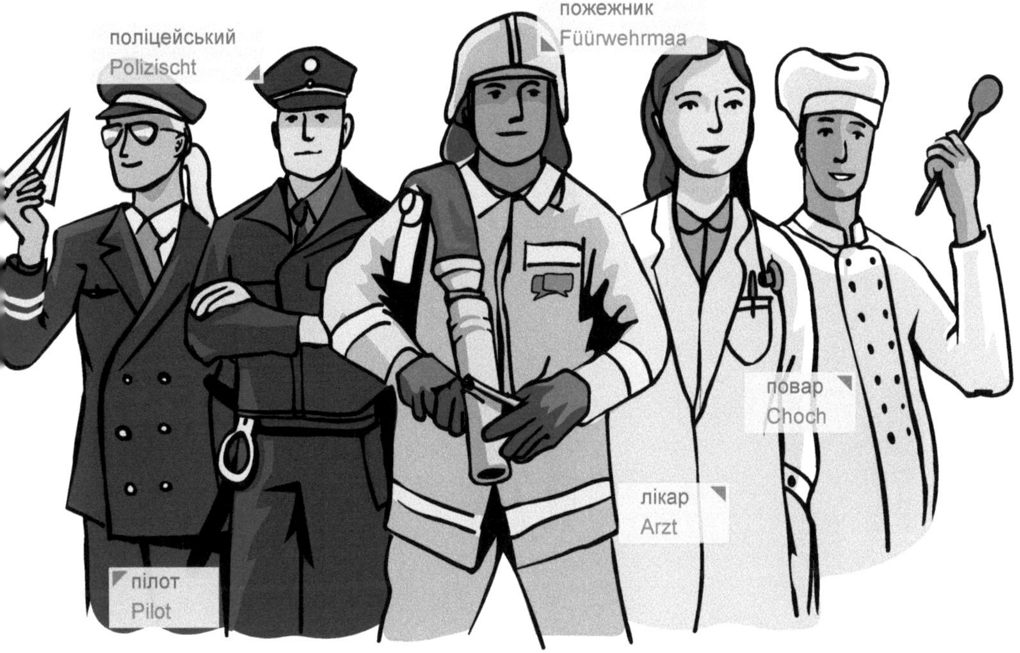
пожежник
Füürwehrmaa
поліцейський
Polizischt
повар
Choch
лікар
Arzt
пілот
Pilot

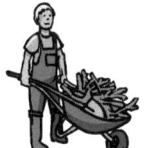

садівник

Gärtner

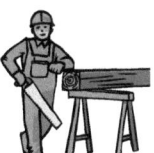

столяр

Zimmermah

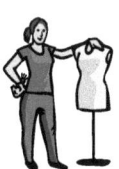

швачка

Näheri

суддя

Richter

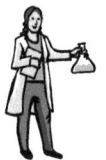

хімік

Chemiker

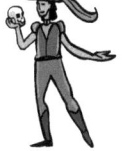

актор

Darsteller

водій автобуса

Busfahrer

таксист

Taxifahrer

рибалка

Fischer

прибиральниця

Putzfrau

покрівельник

Dachdecker

офіціант

Chällner

мисливець

Jäger

художник

Moler

пекар

Bäcker

електрик

Elektriker

будівельник

Bauarbeiter

інженер

Ingenieur

забійник

Schlachter

бляхар

Klämpner

листоноша

Pöschtler

солдат

Soldat

архітектор

Architekt

касир

Kassierer

флорист

Florischt

перукар

Frisör

кондуктор

Kontrolleur

механік

Mechaniker

капітан

Kapitän

дантист

Zahnarzt

вчений

Wüsseschaftler

рабин

Rabbi

імам

Imam

монах

Mönch

пастор

Pfarrer

інструменти
Werkzüüg

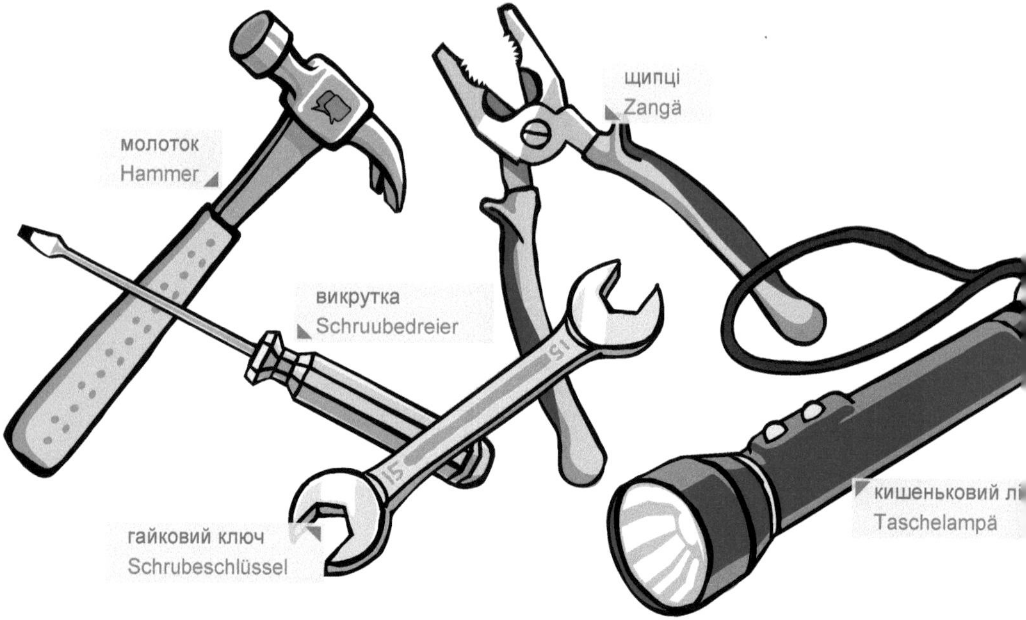
щипці
Zangä
молоток
Hammer
викрутка
Schruubedreier
кишеньковий лі
Taschelampä
гайковий ключ
Schrubeschlüssel

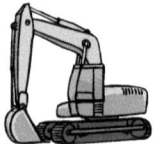

екскаватор

Bagger

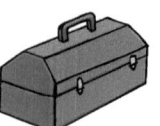

ящик для інструментів

Werkzüügchaschte

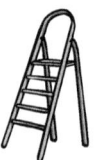

драбина

Leitere

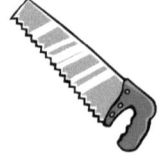

пилка

Sagi

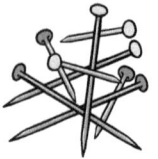

цвяхи

Negel

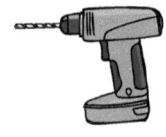

свердло

Bohrer

ремонтувати

flicke

лопата

Schufle

лайно!

Mischt!

совок

Ascheschufle

відро з фарбою

Farbchübel

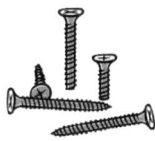

гвинти

Schruube

музичні інструменти
Musiginstrumänt

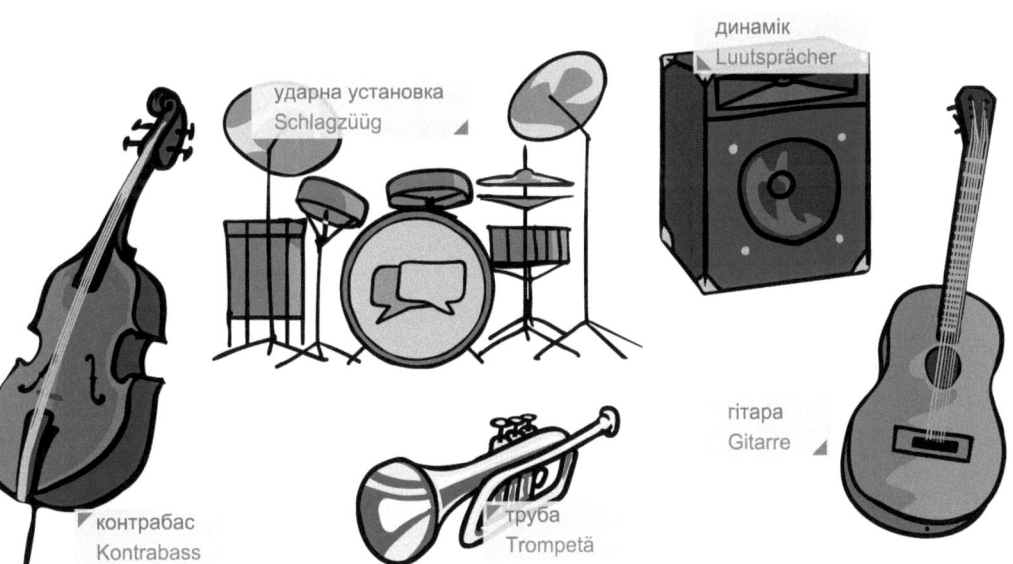

динамік
Luutsprächer

ударна установка
Schlagzüüg

гітара
Gitarre

контрабас
Kontrabass

труба
Trompetä

фортепіано

Klavier

скрипка

Violine

бас

Bass

литаври

Pauke

барабан

Trummle

клавіатура

Keyboard

саксофон

Saxophon

флейта

Flöte

мікрофон

Mikrofon

зоопарк
Zolli

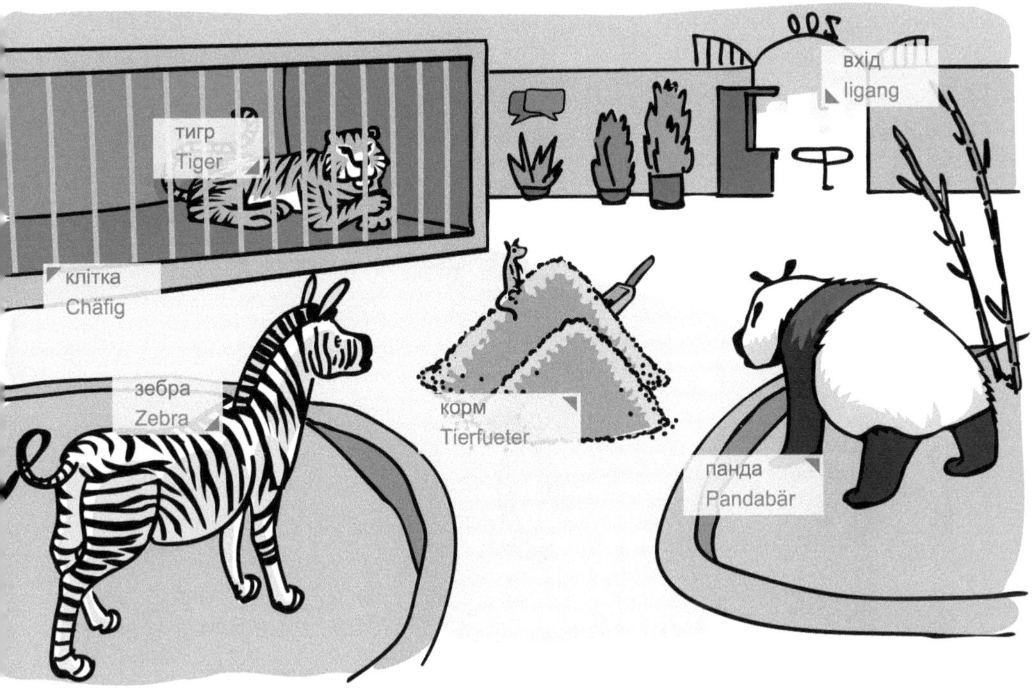
вхід
Iigang
тигр
Tiger
клітка
Chäfig
зебра
Zebra
корм
Tierfueter
панда
Pandabär

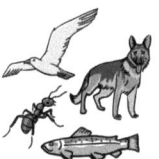

тварини
Tier

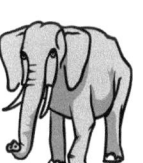

слон
Elefant

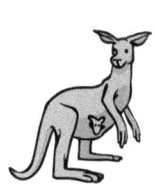

кенгуру
Känguru

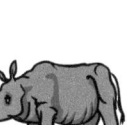

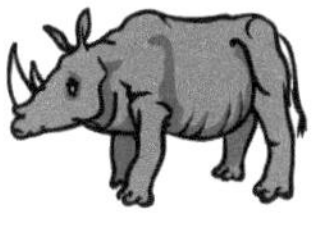
носоріг
Nashorn

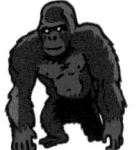

горила
Gorilla

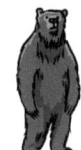

ведмідь
Bär

верблюд

Kamel

страус

Struss

лев

Leu

мавпа

Aff

фламінго

Flamingo

папуга

Papagei

білий ведмідь

Iisbär

пінгвін

Pinguin

акула

Hai

павич

Pfau

змія

Schlangä

крокодил

Krokodil

працівник зоопарку

Zoowärter

тюлень

Robbä

ягуар

Jaguar

поні
....
Pony

леопард
....
Leopard

гіпопотам
....
Nilpfärd

жираф
....
Giraff

орел
....
Adler

кабан
....
Wildschwein

риба
....
Fisch

черепаха
....
Schildkrot

морж
....
Walross

лисиця
....
Fuchs

газель
....
Gazelle

американський футбол
American Football

їзда на велосипеді
Velofahre

теніс
Tennis

баскетбол
Basketball

плавання
Schwümmä

бокс
Boxä

хокей
Iishockey

футбол
Fuessball

бадмінтон
Badminton

легка атлетика
Liechtathletik

гандбол
Handball

лижні перегони
Skifahre

поло
Polo

стрибати
springä

обіймати
umarme

сміятися
lachä

співати
singe

йти
gah

мріяти
troime

молитися
bätte

цілувати
küssä

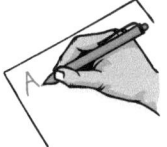

писати
schribe

малювати
zeichne

показувати
zeige

тиснути
schiebe

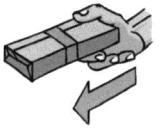

давати
gäh

брати
näh

мати

händ

робити

mache

бути

sy

стояти

stah

бігати

laufe

тягнути

zieh

кидати

rüerä

падати

fallä

лежати

ligge

очікувати

warte

носити

träge

сидіти

sitze

одягати

ahzieh

спати

schlafe

просипатися

ufwache

дивитися

ahluege

плакати

brüele

гладити

striichle

розчісувати

bürste

розмовляти

redä

розуміти

verschtah

питати

froog

слухати

lose

пити

trinke

їсти

ässe

прибирати

ufruume

любити

liebe

варити

chochä

їхати

fahre

літати

flüge

дії - Aktivitäte

йти під вітрилом

segle

рахувати

rächne

читати

läse

вчитися

leerä

працювати

schaffe

одружуватися

hürate

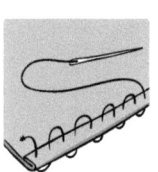

шити

näije

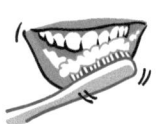

чистити зуби

Zäh putze

убивати

töte

курити

schlootä

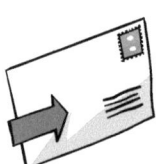

посилати

sände

сім'я
Familiä

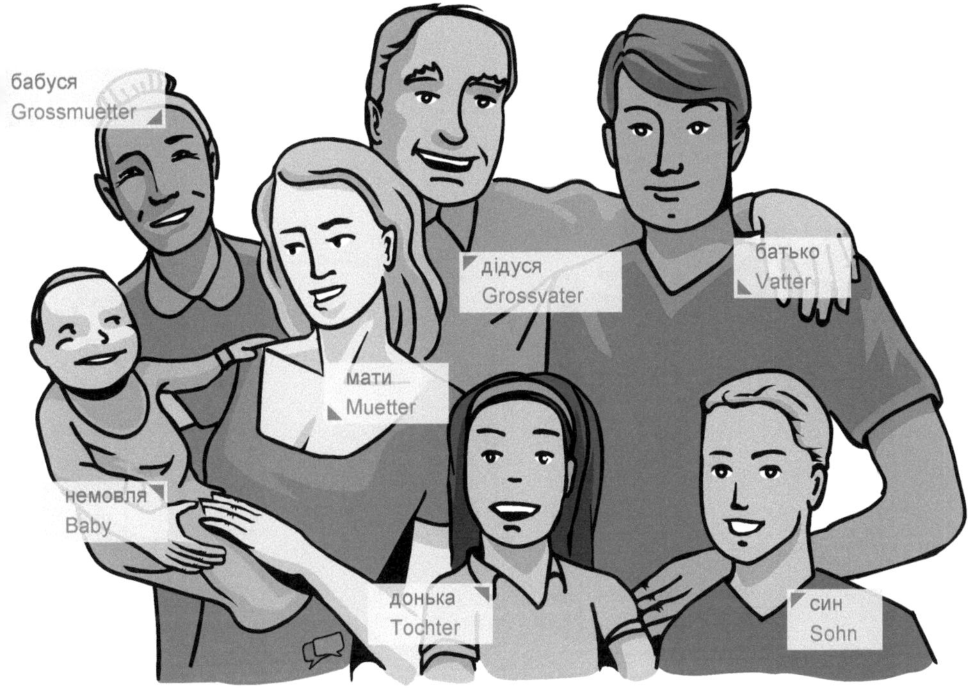
бабуся
Grossmuetter
дідуся
Grossvater
батько
Vatter
мати
Muetter
немовля
Baby
донька
Tochter
син
Sohn

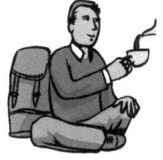

гість

Gast

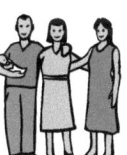

тітка

Tante

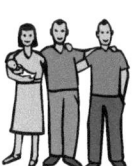

дядько

Unkel

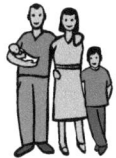

брат

Brüeder

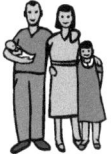

сестра

Schwöschter

тіло

Körpär

чоло
Stirn
око
Aug
плече
Schultere
палець
Fingär
обличчя
Gsicht
підборіддя
Chüni
кисть
Hand
груди
Bruscht
нога
Bei
рука
Arm

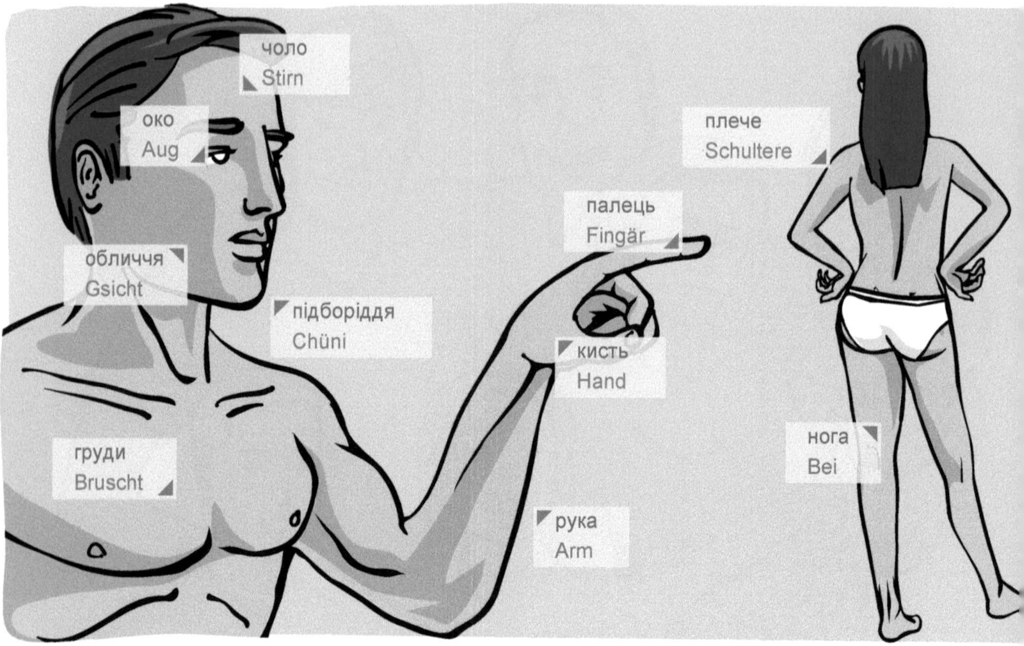

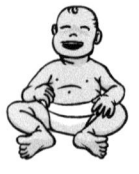

немовля

Baby

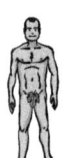

чоловік

Mah

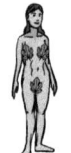

жінка

Frau

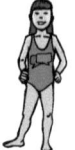

дівчина

Meitli

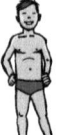

хлопчик

Bueb

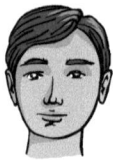

голова

Chopf

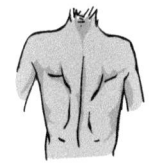

спина

Ruggä

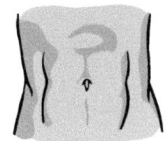

живіт

Buuch

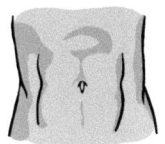

пуп

Buchnabel

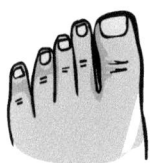

палець ноги

Zäche

п'ята

Fersä

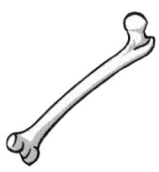

кістка

Knoche

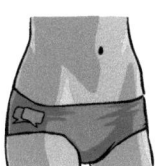

стегно

Hüfte

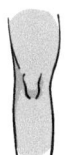

коліно

Chnü

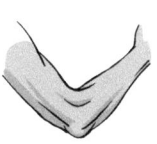

лікоть

Ellbogä

ніс

Nase

сідниці

Füdli

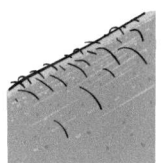

шкіра

Hut

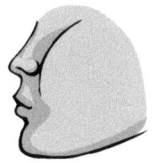

щока

Bagge

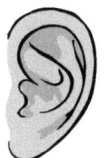

вухо

Ohr

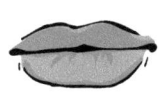

губа

Lippe

рот
....
Muul

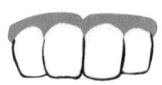

зуб
....
Zah

язик
....
Zungä

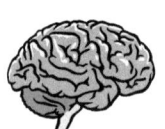

мозок
....
Hirni

серце
....
Härz

м'яз
....
Muskel

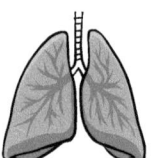

легені
....
Lungä

печінка
....
Läberä

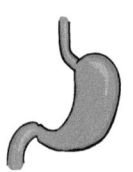

шлунок
....
Magen

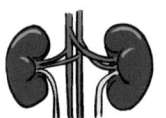

нирки
....
Nierä

статевий акт
....
Gschlächtsvrkehr

презерватив
....
Kondom

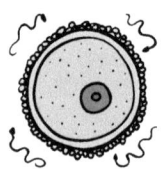

яйцеклітина
....
Eizälle

сперма
....
Soome

вагітність
....
Schwangerschaft

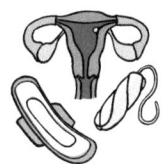

менструація

Menstruation

вагіна

Vagina

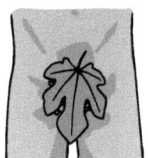

пеніс

Penis

брова

Augebrauä

волосся

Haar

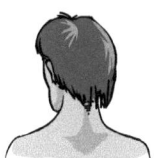

шия

Hals

лікарня
Spital

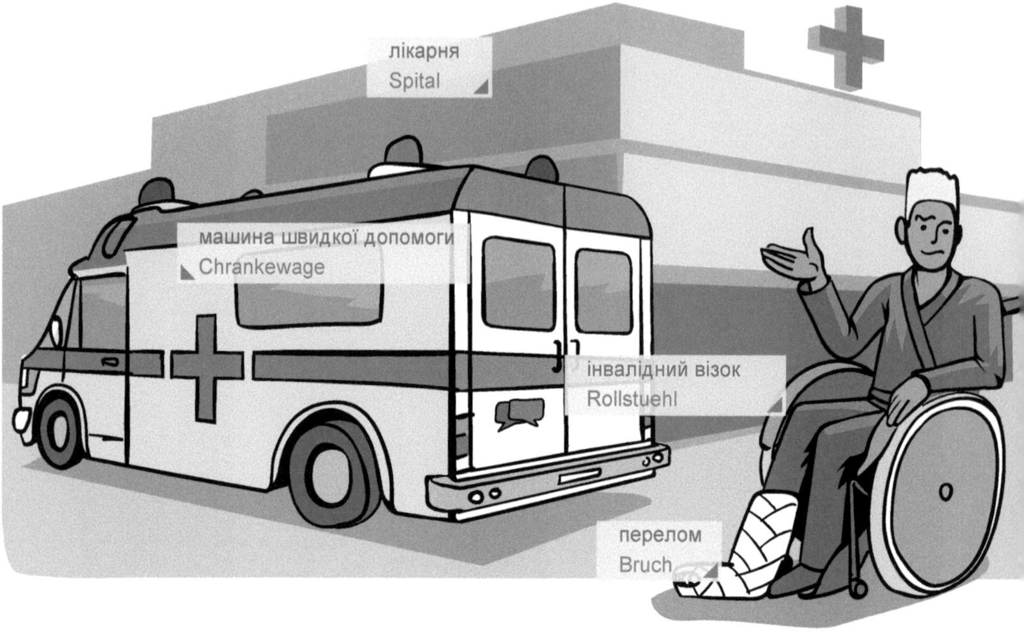

лікарня
Spital
машина швидкої допомоги
Chrankewage
інвалідний візок
Rollstuehl
перелом
Bruch

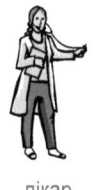

лікар

Arzt

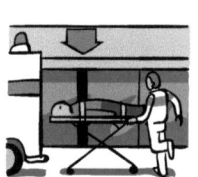

відділення швидкої медичної допомоги

Notufnahm

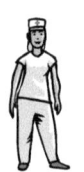

медсестра

Chrankeschwöschter

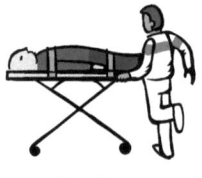

аварійний випадок

Notfall

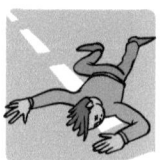

непритомний

ohnmächtig

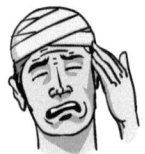

біль

Schmärz

травма

Verletzig

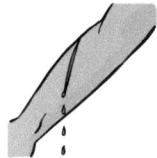

кровотеча

Bluätig

інфаркт

Härzinfarkt

інсульт

Schlagahfall

алергія

Allergie

кашель

Hueschtä

лихоманка

Fieber

грип

Grippe

пронос

Durchfall

головна біль

Kopfschmärze

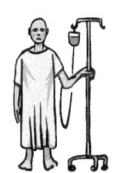

рак

Kräbs

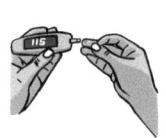

діабет

Diabetes

хірург

Chirurg

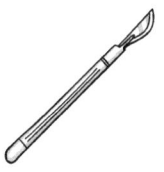

скальпель

Skalpell

операція

Operation

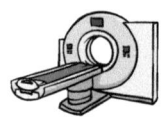

КТ

CT

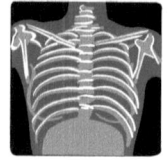

рентген

Röntgä

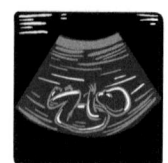

ультразвук

Ultraschall

маска

Gsichtsmaske

хвороба

Krankhet

зал очікування

Wartezimmer

милиця

Krückä

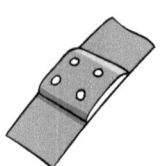

пластир

Pflaster

пов'язка

Vrband

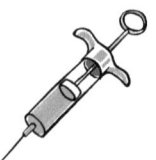

ін'єкція

Injektion

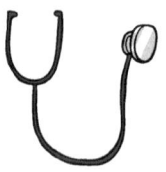

стетоскоп

Stethoskop

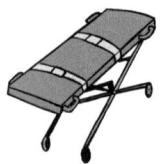

ноші

Trage

термометр

Thermometer

народження

Geburt

надмірна вага

Übergwicht

слуховий апарат

Hörgrät

дезінфікуючий засіб

Desinfektionsmittel

інфекція

Infektion

вірус

Virus

ВІЛ / СНІД

HIV / AIDS

медицина

Medizin

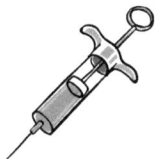

вакцинація

Impfig

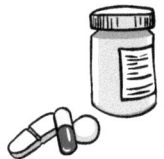

таблетки

Tablette

протизаплідна пігулка

Pille

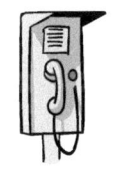

екстрений виклик

Notruef

тонометр

Bluetdruck-Mässgrät

хворий / здоровий

chrank / gsund

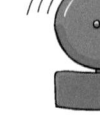

Допоможіть!

Hiufe!

сигнал тривоги

Alarm

напад

Überfall

атака

Ahgriff

небезпека

Gfohr

аварійний вихід

Notuusgang

Вогонь!

Füür!

вогнегасник

Füürlöscher

аварія

Unfall

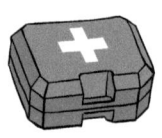

аптечка

Ersti-Hilf-Koffer

СОС

SOS

поліція

Polizei

Європа

Europa

Північна Америка

Nordamerika

Південна Америка

Südamerika

Африка

Afrika

Азія

Asie

Австралія

Auschtralie

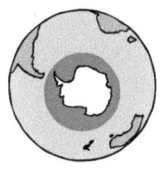

Атлантика

Atlantik

Тихий океан

Pazifik

Індійський океан

Indische Ozean

Антарктичний океан

Antarktische Ozean

Північний Льодовитий океан

Arktische Ozean

Північний полюс

Nordpol

Південний полюс

Südpol

Антарктика

Antarktis

Земля

Ärde

суша

Land

море

Meer

острів

Inslä

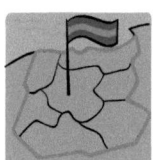

нація

Nation

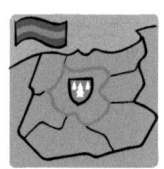

держава

Staat

циферблат

Ziffereblatt

годинникова стрілка

Stundezeiger

хвилинна стрілка

Minutezeiger

секундна стрілка

Sekundezeiger

Котра година?

Wie spaht isch es?

день

Tag

час

Zit

зараз

jetzt

цифровий годинник

Digitaluhr

хвилина

Minute

година

Stunde

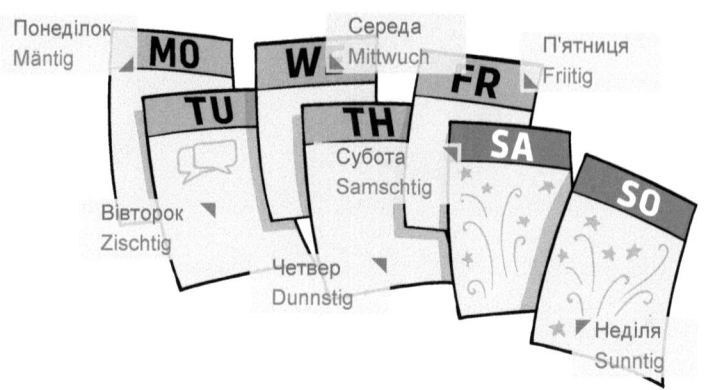

Понеділок
Мäntig

Середа
Mittwuch

П'ятниця
Friitig

Вівторок
Zischtig

Четвер
Dunnstig

Субота
Samschtig

Неділя
Sunntig

вчора

geschter

сьогодні

hüt

завтра

morn

ранок

Morgä

опівдні

Mittag

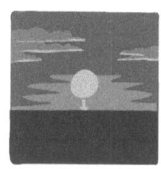

вечір

Aabig

MO	TU	WE	TH	FR	SA	SU
1	2	3	4	5	6	7
8	9	10	11	12	13	14
15	16	17	18	19	20	21
22	23	24	25	26	27	28
29	30	31	1	2	3	4

робочі дні

Wärktag

MO	TU	WE	TH	FR	SA	SU
1	2	3	4	5	6	7
8	9	10	11	12	13	14
15	16	17	18	19	20	21
22	23	24	25	26	27	28
29	30	31	1	2	3	4

кінець робочого тижня

Wuchenänd

рік

Johr

дощ
Räge
веселка
Rägeboge
сніг
Schnee
вітер
Wind
весна
Früelig
осінь
Herbscht
літо
Summer
зима
Winter

4.APRIL 11°
5.APRIL 4°
6.APRIL 13°
7.APRIL 8°
8.APRIL 10°

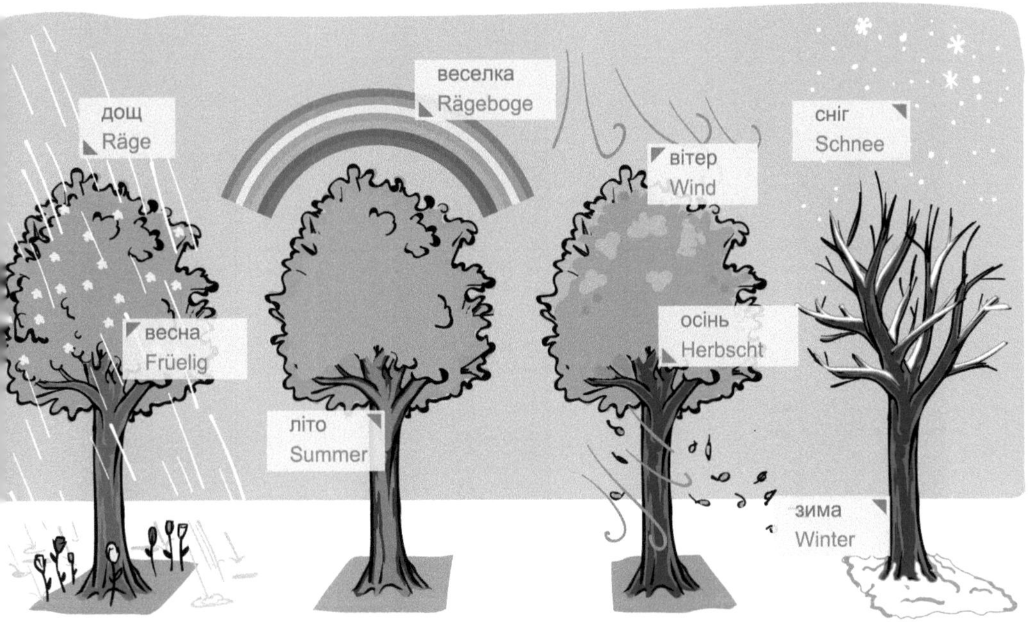

прогноз погоди

Wättervorhärsag

F C
120 40
90 30
60 20
30 10
0 0
-30 -10
-20

термометр

Thermometer

сонячне світло

Sunneschiin

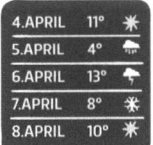

хмара

Wolkä

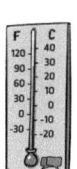

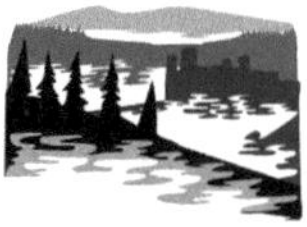

туман

Näbel

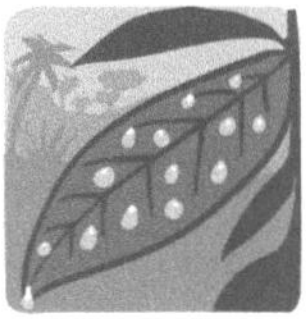

вологість повітря

Fiechtigkeit

блискавка

Blitz

грім

Dunner

шторм

Sturm

град

Hagel

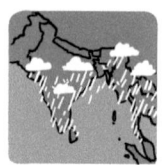

мусон

Monsun

повінь

Fluet

лід

Iis

Січень

Januar

Лютий

Februar

Березень

März

Квітень

April

Травень

Mai

Червень

Juni

Липень

Juli

Серпень

Auguscht

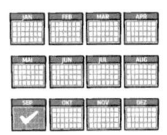

Вересень

Septämber

Жовтень

Oktober

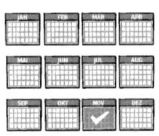

Листопад

Novämber

Грудень

Dezämber

круг

Kreis

квадрат

Quadrat

прямокутник

Rächteck

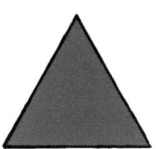

трикутник

Dreieck

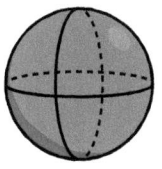

куля

Chugele

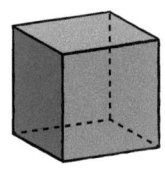

куб

Würfel

білий

wiss

жовтий

gäl

помаранчевий

orange

рожевий

pink

червоний

rot

фіолетовий

liila

синій

blau

зелений

grüen

коричневий

bruun

сірий

grau

чорний

schwarz

багато / мало

viel / wenig

лютий / мирний

hässig / ruhig

гарний / бридкий

hübsch / hässlich

початок / кінець

Ahfang / Ändi

великий / малий

gross / chli

світлий / темний

hell / dunkel

брат / сестра

Brüeder / Schwöschter

чистий / брудний

suuber / dräckig

завершений /
незавершений
vollständig / unvollständig

день / ніч

Tag / Nacht

мертвий / живий

tot / läbig

широкий / вузький

breit / schmal

їстівний / неїстівний

ässbar / nid ässbar

злий / дружній

bös / fründlich

збуджений / нудьгуючий

uffreggt / glangwilt

товстий / тонкий

dick / dünn

спочатку / востаннє

zerscht / zletscht

друг / ворог

Fründ / Find

повний / порожній

voll / läär

жорсткий / м'який

hart / weich

важкий / легкий

schwer / liecht

голод / спрага

Hunger / Durscht

хворий / здоровий

chrank / gsund

незаконний / законний

illegal / legal

розумний / дурний

intelligänt / gatz

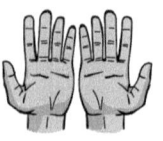

вліво / вправо

links / rächts

поруч / далеко

nöch / wiit weg

новий / використаний

neu / bruucht

нічого / щось

nüt / öpis

старий / молодий

alt / jung

вкл / викл

ah / uss

відкрито / закрито

offe / zue

тихо / гучно

lislig / luut

багатий / бідний

riich / arm

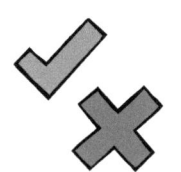

правильно / неправильно

richtig / falsch

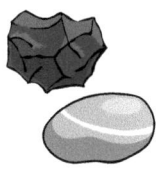

шорсткий / гладкий

rau / glatt

сумний / щасливий

truurig / glücklich

короткий / довгий

churz / lang

повільно / швидко

langsam / schnäll

вологий / сухий

nass / trochä

гарячий / холодний

warm / chalt

війна / мир

Chrieg / Friede

числа
Zahlä

0

нуль
Null

1

один
eis

2

два
zwei

3

три
drü

4

чотири
vier

5

п'ять
foif

6

шість
sächs

7

сім
sibe

8

вісім
acht

9

дев'ять
nün

10

десять
zäh

11

одинадцять
elf

12
дванадцять
zwölf

13
тринадцять
drizäh

14
чотирнадцять
vierzäh

15
п'ятнадцять
füfzäh

16
шістнадцять
sächzäh

17
сімнадцять
siebzäh

18
вісімнадцять
achtzäh

19
дев'ятнадцять
nünzäh

20
двадцять
zwänzg

100
сто
Hundert

1.000
тисяча
Tuusig

1.000.000
мільйон
Million

англійська

Änglisch

американська англійська

Amerikanischs Änglisch

китайська
високочиновницька

Chinesisch Mandarin

хінді

Hindi

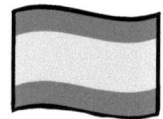

іспанська

Spanisch

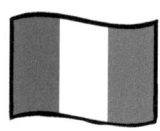

французька

Französisch

арабська

Arabisch

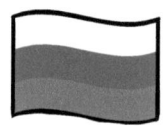

російська

Russisch

португальська

Portugiesisch

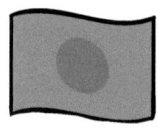

бенгальська

Bengalisch

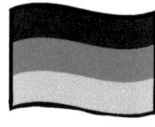

німецька

Dütsch

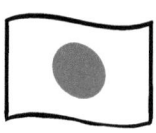

японська

Japanisch

я

ich

ти

du

він / вона / воно

är / sie / es

ми

mir

ви

ihr

вони

sie

хто?

wär?

що?

was?

як?

wie?

де?

wo?

коли?

wänn?

ім'я

Name

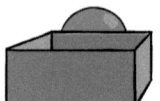

ззаду

hinder

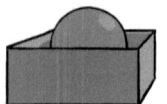

в

in

перед

vor

над

über

на

uf

під

under

біля

näbe

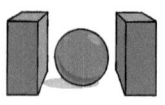

між

zwüsche

місце

Ort